Activités de mise en train

Niveaux intermédiaire et avancé

linguascope

MISE en TRAIN

Avant-propos

Ces feuilles d'exercices ont pour objectif de révéler aux élèves les aspects et traits caractéristiques de la langue française qui, de l'avis des auteurs, jouent un rôle assez marginal dans la majorité des manuels scolaires. Ces feuilles mettent notamment en relief les aspects suivants :

- le plaisir avec les mots français
- les aspects idiomatiques de la langue
- la fonction essentielle des synonymes
- le vocabulaire courant en contexte
- les rapports linguistiques entre le français et l'anglais
- les curiosités de la langue française
- l'usage moderne de la langue
- des anecdotes pour susciter l'intérêt et les discussions
- les pièges à éviter avec les faux amis
- les variétés d'usage de la langue française

Les exercices varient en rapport à leur difficulté intrinsèque. Il appartient donc à l'enseignant d'adapter le matériel ou de choisir les textes appropriés à la compétence linguistique de la classe. Ces feuilles s'adressent surtout à l'imagination et à la curiosité des apprenants.

Les auteurs vous souhaitent « bon voyage » à travers cette publication qui promet de stimuler et de vivifier l'intérêt des apprenants à la langue française.

Written by: Willibald Eichenlaub and Stéphane Derône
Illustrated by: Ricardo Ferrand
Published by: Linguascope
ISBN: 978-1-84795-155-7
Printed in the UK

Table des matières

MISE en TRAIN

Bon appétit !

• Complète les plats suivants avec le mot qui correspond.
Essaie de compléter sans t'aider des indices si possible:

1. crème... ____________________
2. filet... ____________________
3. fruits de... ____________________
4. coq au... ____________________
5. pot-au-... ____________________

6. croque-... ____________________
7. pâté de... ____________________
8. crêpe... ____________________
9. vol-au-... ____________________
10. poulet... ____________________

11. foie... ____________________
12. choux de... ____________________
13. bœuf... ____________________
14. cordon... ____________________
15. tarte... ____________________

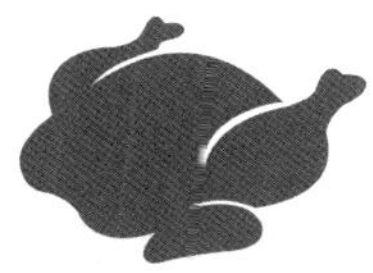

16. quiche... ____________________
17. mousse au... ____________________
18. gratin... ____________________
19. salade... ____________________
20. cuisses de... ____________________

21. fondue... ____________________
22. potée... ____________________
23. moules... ____________________
24. moutarde de... ____________________
25. soufflé au... ____________________

auvergnate • bourguignon • bleu • brûlée • Bruxelles • campagne • chocolat • dauphinois • Dijon • feu • fromage • gras • grenouille • lorraine • marinières • mer • mignon • monsieur • niçoise • rôti • savoyarde • Suzette • tatin • vent • vin

Une anecdote en passant...
L'expression « raconter des salades » se traduit en anglais par « to tell porky pies ».

• Crée des mots en ajoutant une lettre initiale. Il y a au moins deux possibilités à chaque fois :

1. ________ atin
2. ________ iège
3. ________ ain
4. ________ assage
5. ________ ruit
6. ________ aleine
7. ________ asse
8. ________ omme
9. ________ inge
10. ________ ête
11. ________ apin
12. ________ outon
13. ________ œur
14. ________ aison
15. ________ oute
16. ________ ort
17. ________ iroir
18. ________ oupe
19. ________ eau
20. ________ oup
21. ________ oule
22. ________ oix
23. ________ iste
24. ________ ourd
25. ________ our
26. ________ oin
27. ________ ièce
28. ________ er
29. ________ age
30. ________ alle

Une anecdote en passant...
Le français est la langue officielle de la France depuis 1539 grace à un texte de loi édicté par le roi de France François Ier.

• Est-ce que tu connais ces animaux ?
Complète les définitions suivantes à l'aide des mots ci-dessous :

A. abeille - insecte qui produit du __________

B. baleine - grand cétacé __________

C. chameau - mammifère à une ou deux __________

D. dinde - femelle du __________

E. éléphant - mammifère à __________

F. faucon - oiseau de __________

G. guêpe - insecte qui ressemble à l' __________

H. hérisson - petit mammifère couvert de __________

I. iguane - sorte de grand __________ d'Amérique

J. jaguar - sorte de __________ américain

K. kangourou - mammifère d' __________

L. lapin - petit mammifère __________

M. moustique - insecte qui se nourrit de __________

N. nasique - grand singe à long __________

O. oiseau - animal couvert de __________

P. papillon - insecte aux ailes de __________ diverses

Q. quetzal - oiseau des __________ d'Amérique centrale

R. renard - mammifère carnivore réputé pour sa __________

S. saumon - gros __________ à chair rose

T. taureau - mâle de la __________

U. urubu - vautour de petite __________

V. vipère - genre de __________ venimeux

W. wapiti - grand __________ d'Amérique du Nord et de Sibérie

X. xylocope - grosse abeille des régions __________

Y. yack - sorte de __________ qui vit au Tibet

Z. zèbre - mammifère d'Afrique proche du __________

abeille • Australie • bosses • buffle • cerf • cheval • couleurs • dindon • forêts • lézard • marin • miel • nez • piquants • plumes • poisson • proie • rongeur • ruse • sang • serpent • taille • tigre • trompe • tropicales • vache

Une anecdote en passant...
L'expression « un drôle de zèbre » en français signifie « un individu bizarre ».

La symbolique des animaux

• Quels animaux est-ce qu'on associe d'habitude avec les concepts suivants ? Cherche les mots que tu ne connais pas dans un dictionnaire :

1. la lenteur ____________________
2. la vanité ____________________
3. la sagesse ____________________
4. la vitesse ____________________
5. la laideur ____________________

6. la séduction ____________________
7. l'habileté ____________________
8. l'hibernation ____________________
9. la mémoire ____________________
10. l'intelligence ____________________

11. la ruse ____________________
12. la douceur ____________________
13. l'élégance ____________________
14. la métamorphose ____________________
15. la paix ____________________

16. la voracité ____________________
17. la mythologie ____________________
18. la loyauté ____________________
19. l'organisation ____________________
20. la migration ____________________

Animaux : la fourmi • l'éléphant • le dauphin • le chien • la cigogne • le papillon • le serpent • la marmotte • le requin • l'escargot • le crapaud • le paon • la colombe • l'aigle • la licorne • le cygne • l'agneau • le renard • le hibou • le guépard

Une anecdote en passant...

En France, 27% des familles ont un chat et 24% des familles ont un chien.

• Complète les expressions et titres suivants avec le nombre correspondant.
Écris les nombres en toutes lettres :

1. Alibaba et les ______________________ voleurs
2. Les ______________________ Mousquetaires
3. Les ______________________ coins du monde
4. Le Tour du monde en ______________________ jours
5. Le ______________________ juillet, fête nationale française
6. Blanche Neige et les ______________________ nains
7. La Guerre de ______________________ ans
8. Les ______________________ Merveilles du monde
9. Les ______________________ Dalmatiens
10. Ménage à ______________________
11. Vendredi ______________________ (malchance)
12. Les ______________________ Commandements
13. Les ______________________ vies d'un chat
14. ______________________ fois merci !
15. Animal à ______________________ pattes (quadrupède)
16. L'Ennemi public numéro ______________________
17. Le Facteur sonne toujours ______________________ fois
18. Le Train sifflera ______________________ fois
19. ______________________ mariages et un enterrement
20. Les ______________________ Fantastiques
21. Les ______________________ péchés capitaux
22. ______________________, l'Odyssée de l'espace
23. ______________________ lieues sous les mers
24. Les ______________________ nuits
25. Les ______________________ coups de minuit

Une anecdote en passant...
« septante », « octante » et « nonante » sont les variantes en Belgique et en Suisse pour « soixante-dix », « quatre-vingts » et « quatre-vingt-dix » respectivement.

• Complète les expressions suivantes avec les mots manquants :

1. la ____________________ Blanche (siège du président des États-Unis)
2. le ____________________ vert (droit de passage)
3. les ____________________ Jaunes (annuaire téléphonique)
4. la ____________________ Rouge (organisation internationale)
5. la ____________________ blanche (permission)

6. le ____________________ Rouge (attraction à Paris)
7. la ____________________ jaune (maladie infectieuse)
8. le ____________________ noir (tasse de café)
9. la ____________________ grise (le cerveau)
10. le ____________________ blanc (verre de vin blanc)

11. le ____________________ bleu (cuisinier très habile)
12. les ____________________ bleus (soldats des Nations Unies)
13. la ____________________ bleue (la Terre)
14. le ____________________ rouge (sanction au football)
15. le ____________________ vert (le dollar)

16. la ____________________ noire (roman policier)
17. le ____________________ bleu (origine noble)
18. la ____________________ noire (sorcellerie)
19. l' ____________________ blanche (couteau)
20. l' ____________________ blanc (gouffre financier)
21. l' ____________________ noir (pétrole)

Les mots manquants : Pages • Croix • éléphant • petit • or • matière • sang • planète • fièvre • carton • magie • série • feu • casques • arme • billet • Maison • carte • petit • cordon • Moulin

Une anecdote en passant...

On appelle le drapeau français le « tricolore ». Le bleu symbolise Paris, le blanc symbolise la royauté et le rouge symbolise le sang versé pour libérer le peuple.

Expressions colorées

• Il existe beaucoup d'expressions autour des couleurs en France. Est-ce que tu connais les expressions suivantes ? Fais correspondre les expressions à leurs équivalents :

1. être dans le rouge
2. voir rouge
3. voir la vie en rose
4. broyer du noir
5. être blanc comme neige
6. être connu comme le loup blanc
7. montrer patte blanche
8. être écrit noir sur blanc
9. rire jaune
10. travailler au noir
11. avoir du sang bleu
12. voir des éléphants roses
13. avoir la main verte
14. donner le feu vert
15. être blanc comme un cachet d'aspirine
16. être d'une humeur noire
17. être fleur bleue
18. être gris
19. avoir une peur blanche
20. être vert de jalousie

A. se forcer à rire
B. être innocent
C. se mettre en colère
D. être bon jardinier
E. être endetté
F. être pessimiste
G. être écrit clairement
H. être de mauvaise humeur
I. être très connu
J. travailler clandestinement
K. avoir des hallucinations
L. être optimiste
M. révéler son identité
N. être très envieux
O. être naïf
P. être très pâle
Q. avoir une phobie
R. être d'origine noble
S. donner l'autorisation
T. avoir trop bu

Une anecdote en passant...

D'après les sondages d'opinion, le bleu est la couleur préférée de la majorité des Français. C'est une couleur calme et apaisante. C'est la couleur du ciel et de l'eau ; c'est une couleur qui rassemble les gens. Ce n'est pas un hasard si les organismes internationaux comme l'UNESCO et l'ONU, chargés de promouvoir la paix et l'entente entre les peuples, ont un drapeau de couleur bleue.

Autrement dit

• Complétez les expressions à gauche en vous servant des explications à droite :

1. à la ____________________ = en vogue
2. en ____________________ de compte = finalement
3. s'en ____________________ = partir
4. tout de ____________________ = immédiatement
5. à l' ____________________ actuelle = maintenant
6. en plein ____________________ = dehors

7. tout le ____________________ = tous
8. de temps en ____________________ = parfois
9. tout à ____________________ = absolument
10. coûte que ____________________ = à tout prix

11. par ____________________ = heureusement
12. ____________________ à l'aise = gêné
13. au ____________________ = à l'opposé
14. en d'autres ____________________ = autrement dit

15. de plus en ____________________ = toujours davantage
16. en ____________________ = vraiment

17. par ____________________ = e.g.
18. au ____________________ de = concernant
19. de cette ____________________ = ainsi
20. aujourd'hui en____________________ = dans une semaine

21. à toute ____________________ = rapidement
22. tête à ____________________ = rencontre intime
23. avoir l' ____________________ = projeter

24. à la ____________________ fois = à bientôt

air • aller • bonheur • contraire • coûte • exemple • fait • fin • heure • huit • intention • mal • monde • manière • mode • temps • termes • plus • prochaine • suite • sujet • tête • vérité • vitesse

Une anecdote en passant...

Le mot le plus long de la langue française est « anticonstitutionnellement » avec 25 lettres.

Des noms spéciaux

• En t'aidant du contexte, complète les phrases suivantes en ajoutant les noms correspondant aux verbes entre parenthèses :

Exemple:
Quelles sont les heures d' ____ouverture____ (ouvrir) de ce magasin ?

1. Elle adore la ____________________ (lire) de romans classiques.
2. Quelle jolie ____________________ (chanter) !
3. Il vient de compléter un ____________________ (apprendre) de trois ans.
4. C'est l'heure de son ____________________ (partir).
5. Il faut faire un ____________________ (choisir).

6. L'année de la ____________________ (prendre) de la Bastille est 1789.
7. Ma ____________________ (fermer) éclair est bloquée.
8. C'est surtout la ____________________ (peindre) espagnole qui me fascine.
9. Il s'agit d'une ____________________ (perdre) énorme.
10. Quelle ____________________ (réussir) phénoménale !

11. Sa ____________________ (connaître) du pays est assez limitée.
12. Ne manquons pas la ____________________ (vendre) spéciale.
13. Tout le monde déteste le ____________________ (mentir).
14. Quelle est ta ____________________ (boire) favorite ?
15. Il est aveugle depuis sa ____________________ (naître).

16. Son ____________________ (écrire) est difficile à lire.
17. Quelle est la ____________________ (durer) du concert ?
18. Il n'a pas de ____________________ (croire) religieuse.
19. J'ai honte de la ____________________ (conduire) de mes enfants.
20. Qui sait la ____________________ (terminer) de ce verbe ?

apprentissage • boisson • chanson • choix • conduite • connaissance • croyance • départ • durée • écriture • fermeture • lecture • mensonge • naissance • peinture • perte • prise • réussite • terminaison • vente

Une anecdote en passant...
La Tour Eiffel mesurait 300 mètres à la fin de sa construction par Gustave Eiffel. Alors pourquoi est-ce qu'elle mesure 320 mètres aujourd'hui? Tout simplement parce que des antennes de radio et de télévision ont été ajoutées à son sommet.

Mots de la même famille

• Ajoute les noms ou les verbes qui font partie de la même famille que les mots en caractères gras :

1. Tu **travailles** bien : C'est du bon ____________________
2. C'est ton ____________________ ; c'est à toi de **choisir**.
3. On **fume** trop ici. Quelle ____________________ désagréable.
4. Cette **discussion** est interminable. Évidemment, ils adorent ______________ .
5. « Je **pense**, donc je suis. » Voilà une ____________________ profonde.

6. Vas-y, **réponds** ; il faut donner une ____________________ .
7. La phrase est bien **traduite** ; voilà une excellente ____________________ .
8. Ils **vivent** très bien. Ils mènent une ____________________ confortable.
9. Elle **sait** beaucoup de choses. Son ____________________ est phénoménal.
10. Il y a une ____________________ spéciale. Tout est **vendu** à prix réduits.

11. Il y a une autre ____________________. On peut **exprimer** cela autrement.
12. La lecture va ____________ ton vocabulaire. C'est un **enrichissement** important.
13. C'est difficile à ____________________. C'est une **lecture** compliquée.
14. La ________________ était correcte. On a **prédit** la catastrophe correctement.
15. Il est **né** en Hollande : C'est le pays de sa ____________________ .

16. La ____________________ est inévitable. On va tous **mourir** un jour ou l'autre.
17. Il va ____________________ aujourd'hui. La météo prévoit de la **pluie**.
18. Qu'est-ce que tu ____________________ ? Quelle est ta **préférence** ?
19. Tu aimes te ____________________ ? Oui, j'adore les **promenades**.
20. Est-ce que ton cadeau te **plaît** ? Oui, ça me fait très ____________________ .

21. Essaie de l' ______________ plus souvent : elle a besoin de d'**encouragements**.
22. Je vous ____________________ ; je vous présente toutes mes **félicitations** !
23. « Quelle est l'heure de ton ____________________ . » « J'**arrive** à onze heures. »
24. Elle **tousse** vraiment beaucoup. Sa ____________________ est inquiétante.
25. La police l'a **interrogé** pendant 2 heures. Son ________________ a été longue.

Une anecdote en passant...

Le plus haut sommet d'Europe occidentale se trouve en France. Il s'appelle le Mont Blanc et s'élève à 4810 mètres au dessus du niveau de la mer.

MISE en TRAIN

Vive la variété !

• En français comme dans d'autres langues, une idée peut être exprimée de manière différente. Démontre la flexibilité de ton vocabulaire actif en complétant les réponses suivantes :

1. Il est vraiment **célibataire** ? - Non, il est________________.
2. Ces hommes sont **affairés** ? - Oui, ils n'ont pas de temps à________________.
3. Ils **s'appellent** Dupont ? - Oui, c'est leur________________ .
4. Tu es vraiment **fâché** ? - Oui, je suis en ________________.
5. Il est **préférable** de rester ici ? - Non, il vaut ________________ partir.
6. Qu'est-ce qui s'est **passé** ? - Rien n'est ________________ .
7. Qui est **vainqueur** ? - C'est lui qui a________________ la compétition.
8. Tu **nages** souvent en été ? - Oui, j'aime faire de la________________ .
9. Vous êtes **d'accord** avec moi ? - Non, je ne partage pas votre________________.
10. Il est toujours **ponctuel** ? - Non, parfois il est en ________________ .
11. C'est elle qui **fait la classe** ? - Oui, elle nous ________________ .
12. Est-ce qu'il **vente** ? - Oui, il y a du________________ .
13. Ils sont **complètement** contents ? - Oui, ils sont tout à ________________ heureux.
14. Tu as **du mal** à me comprendre ? - Oui, j'ai des________________avec ton accent.
15. Ils **regrettent** leurs actions ? - Oui, ils en sont ________________ .
16. Est-ce que ça **suffit** ? - Oui, merci, c'est ________________ .
17. C'est **impossible à oublier** ? - En effet, c'est________________ .
18. Ce sac est **bon marché** ? - Non, il coûte ________________ .
19. Il n'a **pas de frères et sœurs** ? - Non, il est________________ unique.
20. Tu as **été reçu** à tes examens ? - Oui, j'ai________________ toutes mes épreuves.
21. La **majorité** est d'accord ? - Non, la________________des gens s'y opposent.
22. Elle **se promène** souvent **à cheval** ? - Oui, elle adore faire de l'________________.
23. Cette robe est **à la mode** ? - Oui, elle est très en ________________ .
24. La fête lui **a fait plaisir** ? - Oui, il s'est beaucoup ________________.
25. Ce n'est pas possible ! C'est **vrai** ? - Oui, c'est la pure________________ .
26. Quelle est **la date de sa naissance** ? - Elle est ________________ le 22 mai 2001.
27. Il **n'a qu'**un frère ? - Oui, il a________________ un frère.
28. D'où vient votre **épouse** ? Ma ________________ vient de Marseille.
29. Pouvez-vous me **donner un coup de main** ? - Oui, je vais vous________________.
30. Elle **se trompe** d'après toi ? Oui, je pense qu'elle a ________________ .

aider • amusé • arrivé • assez • avis • cher • colère • désolés • enseigne • équitation • fait • femme • fils • gagné • inoubliable • marié • mieux • natation • née • nom • perdre • plupart • problèmes • retard • réussi • seulement • tort • vent • vérité • vogue

Une anecdote en passant...

La France est le pays le plus visité au monde, avec un nombre annuel de touristes supérieur au nombre de ses habitants ! Paris est la ville la plus visitée au monde, et le monument le plus visité au monde est, bien-sûr, la Tour Eiffel.

Des expressions à perte de vue

• Il existe un grand nombre d'expression avec le mot « œil » (ou sa forme pluriel « yeux ») dans la langue française. Fais correspondre les expressions idiomatiques suivantes avec leurs significations respectives :

Expressions :

1. Faire de l'œil à quelqu'un
2. Ne pas fermer l'œil de la nuit
3. Être bon pied bon œil
4. Avoir un compas dans l'œil
5. Voir les choses d'un bon œil
6. Voir les choses d'un mauvais œil
7. Se mettre le doigt dans l'œil
8. Avoir le mauvais œil
9. Ouvrir l'œil
10. Ne pas avoir les yeux en face des trous
11. Taper dans l'œil
12. Faire les gros yeux
13. Faire les yeux doux
14. Jeter de la poudre aux yeux
15. Sauter au yeux
16. Regarder quelqu'un les yeux dans les yeux
17. N'avoir plus que ses yeux pour pleurer
18. Suivre quelqu'un les yeux fermés
19. N'avoir pas froid aux yeux
20. Ne pas avoir les yeux dans sa poche
21. Regarder quelqu'un avec les yeux ronds
22. Coûter les yeux de la tête
23. Avoir l'œil sur quelque chose
24. Tourner de l'œil

Significations :

A. Savoir évaluer correctement les distances
B. Flirter avec quelqu'un
C. Avoir une influence maléfique
D. Plaire
E. Être en bonne santé
F. Ne pas pouvoir dormir
G. Faire entière confiance à quelqu'un
H. Être mal réveillé
I. Regarder avec sévérité
J. Surveiller quelque chose avec attention
K. Avoir tout perdu
L. Être attentif
M. Être favorable à quelque chose
N. S'évanouir
O. Supplier du regard
P. Être très observateur
Q. Être opposé à quelque chose
R. Être évident
S. Avoir du courage
T. Regarder quelqu'un avec franchise
U. Faire erreur
V. Regarder quelqu'un avec étonnement
W. Tenter d'éblouir avec des apparences
X. Coûter très cher

Une anecdote en passant...

Le mot « après-midi » s'emploie indifféremment au masculin ou au féminin. On peut dire « un après-midi » ou « une après-midi ». La même chose est vraie pour le mot « après-guerre ».

• Les rapports étroits entre le français et le latin deviennent évidents en comparant ces noms d'animaux. Faites accorder les deux rubriques :

en français

1. abeille
2. aigle
3. âne
4. baleine
5. bœuf
6. cerf
7. chameau
8. chien
9. dauphin
10. fourmi
11. lion
12. loup
13. mouche
14. ours
15. papillon
16. poisson
17. poule
18. saumon
19. serpent
20. singe
21. taureau
22. tigre
23. vache
24. vautour
25. ver

en latin

A. musca
B. formica
C. aquila
D. canis
E. vacca
F. ursus
G. lupus
H. pullus
I. delphinus
J. cervus
K. apis
L. asinus
M. papilio
N. taurus
O. camelus
P. serpens
Q. vultur
R. tigris
S. leo
T. vermis
U. piscis
V. simia
W. bovis
X. salmo
Y. balena

Une anecdote en passant...
Aujourd'hui, on estime que 80% des mots de la langue française sont d'origine latine.

• Relie les mots d'origine japonaise aux explications qui suivent :

1. bonsaï
2. bonze
3. geisha
4. harakiri
5. ikebana
6. judoka
7. kaki
8. kamikaze
9. karaoké
10. karaté
11. kimono
12. mikado
13. origami
14. saké
15. samouraï
16. soja
17. sumo
18. sushi
19. tatami
20. yen

A. alcool à base de riz
B. arbre miniature cultivé en pot
C. art martial
D. art traditionnel de l'arrangement floral
E. art traditionnel du papier plié
F. chanteuse et danseuse japonaise
G. fruit rond de couleur orange
H. guerrier de la société féodale
I. jeu d'agilité avec des bâtonnets de bois
J. loisir qui consiste à chanter sur une musique enregistrée
K. longue tunique maintenue par une large ceinture
L. lutte pratiqué par des adversaires corpulents
M. mode de suicide honorable
N. natte en paille de riz tressée
O. personne qui n'a pas peur de la mort
P. personne qui pratique le judo
Q. plante qui ressemble au haricot
R. poisson cru et riz dans une feuille d'algue
S. prêtre de la religion bouddhique
T. unité monétaire japonaise

Une anecdote en passant...
Le Japon forme un archipel de 6852 îles et est le onzième pays le plus peuplé au monde.

MISE en TRAIN — Les équivalents français-anglais

• Complète les traductions anglaises pour les termes suivants :

en français :	en anglais :
1. baguette	French ________________
2. caniche	French ________________
3. cor d'harmonie	French ________________
4. Côte d'Azur	French ________________
5. cuisine	French ________________
6. haricots verts	French ________________
7. pain perdu	French ________________
8. pâtisserie	French ________________
9. pommes frites	French ________________
10. porte-fenêtre	French ________________
11. vernis	French ________________
12. vinaigrette	French ________________

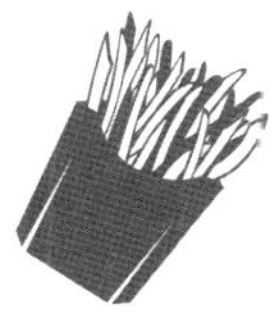

• Traduis les locutions suivantes en anglais :

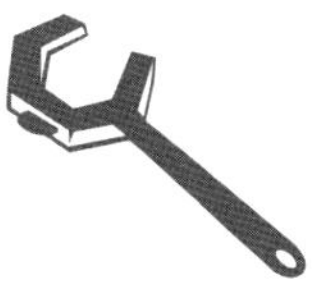

13. assiette anglaise	________________
14. billard anglais	________________
15. boules anglaises	________________
16. clé anglaise	________________
17. cocker anglais	________________
18. cor anglais	________________
19. crème anglaise	________________
20. gazon anglais	________________
21. jardin anglais	________________
22. lévrier anglais	________________
23. petit déjeuner anglais	________________
24. semaine anglaise	________________

Une anecdote en passant...

En semaine, 70% des français prennent leur repas de midi à la maison, avec leur famille. La pause-déjeuner dure généralement deux heures (de 12 heures à 2 heures).

Les faux amis

• Certains mots français sont similaires à des mots anglais mais ont une signification différente. Traduis les faux amis suivants. Utilise un dictionnaire si nécessaire :

1. affaire ______business______
2. agenda ____________________
3. aggravation ____________________
4. apologie ____________________
5. appointements ____________________
6. avertissement ____________________
7. bachelier ____________________
8. balance ____________________
9. catch ____________________

10. chair ____________________
11. chance ____________________
12. coin ____________________
13. concurrent ____________________
14. crayon ____________________
15. déception ____________________
16. désagrément ____________________
17. éditeur ____________________
18. évidence ____________________

19. fatalité ____________________
20. fournitures ____________________
21. franchise ____________________
22. habits ____________________

23. hasard ____________________
24. herbe ____________________
25. journée ____________________
26. lecture ____________________
27. librairie ____________________
28. location ____________________
29. magasin ____________________

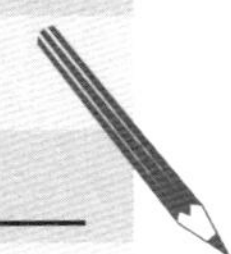

30. manifestation ____________________
31. photographe ____________________
32. raisins ____________________
33. résumé ____________________
34. réunion ____________________
35. stores ____________________
36. veste ____________________

Une anecdote en passant...

En langue familière, on appelle l'accent circonflexe « le chapeau ». L'accent circonflexe est le seul accent que l'on trouve sur chacune des cinq voyelles en français (â, ê, î, ô, û).

Attention à l'orthographe !

• Voici une sélection de mots anglais dont l'orthographe est un peu différente de leurs équivalents français. C'est à toi de faire les « corrections » nécessaires :

en anglais	en français
1. abbreviation	____________
2. address	____________
3. aggression	____________
4. apartment	____________
5. authorisation	____________
6. baggage	____________
7. character	____________
8. comfort	____________
9. company	____________
10. connection	____________
11. correspondence	____________
12. cotton	____________
13. dance	____________
14. development	____________
15. envelope	____________

en anglais	en français
16. example	____________
17. exercise	____________
18. language	____________
19. literature	____________
20. millionaire	____________
21. marriage	____________
22. object	____________
23. parliament	____________
24. payment	____________
25. progress	____________
26. recommendation	____________
27. resemblance	____________
28. rhythm	____________
29. traffic	____________
30. vehicle	____________

Une anecdote en passant...

En France, l'orthographe est régulée par une instition créée en 1635, l'Académie française.

Expressions françaises dans la langue anglaise

• Les expression figées de provenance française ajoutent un charme particulier à la langue anglaise. Complète les expressions suivantes avec les mots manquants :

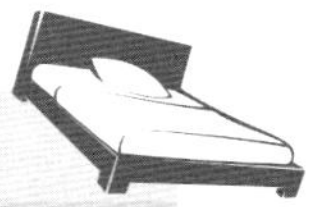

1. agent ____________________
2. aide- ____________________
3. après- ____________________
4. art ____________________
5. avant- ____________________
6. bête ____________________
7. bon ____________________
8. cul-de- ____________________
9. carte ____________________
10. coq au ____________________
11. cordon ____________________
12. coup d' ____________________
13. crème de la ____________________
14. déjà ____________________
15. dernier ____________________
16. eau de ____________________
17. enfant ____________________
18. entente ____________________
19. fait ____________________
20. faux- ____________________

21. femme ____________________
22. film ____________________
23. force ____________________
24. haute- ____________________
25. hors d' ____________________
26. joie de ____________________
27. laissez- ____________________
28. maître d' ____________________
29. nom de ____________________
30. nouveau ____________________
31. pièce de ____________________
32. pot- ____________________
33. prêt-à- ____________________
34. raison d' ____________________
35. soupe du ____________________
36. tête-à- ____________________
37. tour de ____________________
38. trompe-l' ____________________
39. vis-à- ____________________
40. vol-au- ____________________

accompli • blanche • bleu • cordiale • couture • crème • cri • déco • état • être • faire • fatale • force • garde • hôtel • jour • majeure • mémoire • noir • noire • œil • œuvre • pas • plume • porter • pourri • provocateur • résistance • riche • sac • ski • terrible • tête • toilette • vent • vin • vis • vivant • vivre • vu

Une anecdote en passant...

Certains mots empruntés au français ont un sens différent en anglais. Par exemple « résumé » en anglais veut dire « curriculum vitae », mais le mot français « résumé » se traduit par « summary » en anglais.

Une relation très étroite

• On trouve un nombre surprenant de mots d'origine française dans la langue anglaise. Observe les mots français suivants et trouve des équivalents anglais avec une orthographe et un sens similaire :

1. amoureux (in love) amorous
2. appel (call) ________________
3. arrêter (to stop) ________________
4. battre (to beat) ________________
5. bête (animal) ________________
6. blanc (white) ________________
7. bouger (to move) ________________
8. bref (short) ________________
9. cesser (to stop) ________________
10. chambre (room) ________________
11. contre (against) ________________
12. donner (to give) ________________
13. enfant (child) ________________
14. fatigué (tired) ________________
15. faible (weak) ________________

16. fêter (to celebrate) ________________
17. hache (axe) ________________
18. liberté (freedom) ________________
19. maintenir (to keep up) ________________
20. maison (house) ________________
21. morceau (piece) ________________
22. nourrir (to feed) ________________
23. partir (to leave) ________________
24. pauvre (poor) ________________
25. poche (pocket) ________________
26. profond (deep) ________________
27. raconter (to tell) ________________
28. répondre (to answer) ________________
29. sommet (top) ________________
30. vêtement (clothing) ________________

Une anecdote en passant...

Dans le livre d'Alexandre Dumas, « Les Trois Mousquetaires », le personnage qui s'appelle d'Artagnan dit: « L'anglais n'est que du français mal prononcé ».

Parlez-vous franglais ?

• Il s'agit de ce qu'on appelle « anglosnobisme », c'est-à-dire la tendance chez les francophones de se servir de mots anglais au lieu de termes plus ou moins équivalents qui existent dans leur langue maternelle. En utilisant votre flair linguistique, essaie de faire correspondre les mots et leurs équivalents :

1. air bag ________________
2. baby boom ________________
3. barbecue ________________
4. beefsteak ________________
5. big bang ________________
6. body-building ________________
7. chewing-gum ________________
8. copyright ________________
9. cornflakes ________________
10. donut ________________
11. fast food ________________
12. hamburger ________________
13. hot dog ________________
14. hovercraft ________________
15. kidnapping ________________
16. pace-maker ________________
17. popcorn ________________
18. sandwich ________________
19. teenager ________________
20. toast ________________

adolescent • aéroglisseur • beignet • coussin de protection • croque-haché • croque-saucisse • droits d'auteur • enlèvement • explosion originelle • grillade • maïs soufflé • musculation • pain garni • pain grillé • pâte à mâcher • pavé de bœuf • pétales de maïs • printemps démographique • restauration rapide • stimulateur cardiaque

Une anecdote en passant...

Entre 40 et 50 pourcent des mots anglais sont d'origine française.

• La langue française a adopté plusieurs mots anglais parfois mal utilisés. Fais correspondre les termes empruntés à leurs équivalents en anglais correct :

1. auto-stop ______________
2. baby-foot ______________
3. baskets ______________
4. box ______________
5. boxer ______________

6. break ______________
7. brushing ______________
8. caddie ______________
9. camping ______________
10. camping-car ______________
11. catch ______________
12. dressing ______________
13. fastfood ______________
14. flipper ______________
15. foot ______________
16. footing ______________
17. jogging ______________
18. lifting ______________
19. living ______________

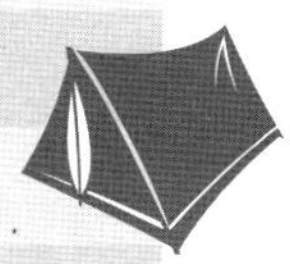

20. open space ______________
21. parking ______________
22. people ______________
23. playback ______________
24. pressing ______________
25. pull ______________
26. puzzle ______________
27. record(wo)man ______________
28. relooking ______________
29. rugbyman ______________
30. scotch ______________
31. self ______________
32. shampooing ______________
33. skate ______________
34. slip ______________

35. smoking ______________
36. speaker(ine) ______________
37. sweat ______________
38. talkie-walkie ______________
39. tennis(wo)man ______________
40. waters ______________

adhesive tape • announcer • blow-dry • boxer shorts • briefs • camper van • campsite • car park • celebrities • dinner jacket • dressing room • dry-cleaning shop • estate (car) • face-lift • fast food restaurant • football • garage • hitch-hiking • jigsaw puzzle • jogging • jumper • lip-synch • living room • makeover • open-plan office • pinball machine • professional wrestling • record holder • rugby player • self-service restaurant • shampoo • shopping trolley • skateboard • sweater • table football • tennis player • toilets • tracksuit • trainers • walkie-talkie

Une anecdote en passant...

La langue anglaise aussi utilise des termes empruntés au français mais mal utilisés. Par exemple, on utilise « en suite » en anglais pour dire « avec salle de bains ».

• Voici des mots qui, tout-à-fait par hasard, coexistent dans les deux langues sans aucun rapport sémantique. Identifie les sens français de ces termes en utilisant les explication ci-dessous :

1. minuscule animal qui saute ____________
2. animal proche de l'homme ____________
3. extrémité d'un objet ____________
4. voie bordée de maisons ____________

5. liquide rouge ____________
6. synonyme de « parce que » ____________
7. indispensable pour la cuisson ____________
8. objectif ____________
9. fait de vivre ____________
10. contraire de « propre » ____________

11. arbre résineux toujours vert ____________
12. métal précieux ____________
13. oiseau à plumage noir et blanc ____________

14. destin ____________
15. contraire de « beau » ____________
16. substance molle du corps ____________

17. angle ____________
18. individu ____________
19. boue ____________
20. territoire d'un état ____________

bout • but • car • chair • coin • four • laid • or • pin • pie • pays • puce • rue • sale • sang • singe • sort • type • vase • vie

Une anecdote en passant...

La grande majorité des mots d'origine anglaise dans la langue française sont masculins. Par exemple: « le football », « le week-end », « le camping »...

• Il existe un nombre impressionant de noms de familles dans la langue anglaise qui se traduisent (presque) littéralement en français. La liste suivante contient une sélection illustrative d'exemples de ce genre. C'est à toi d'établir les noms de famille anglais qui correspondent à leur version française :

1. Barbier ____________________
2. Berger ____________________
3. Blanc ____________________
4. Boucher ____________________
5. Boulanger ____________________
6. Bourgeois ____________________
7. Boisvert ____________________
8. Brun ____________________
9. Buisson ____________________
10. Charpentier ____________________
11. Chevalier ____________________
12. Corneille ____________________
13. Couturier ____________________
14. Deschamps ____________________
15. Desjardins ____________________
16. Desmoulins ____________________
17. Dubois ____________________
18. Dupont ____________________
19. Forestier ____________________
20. Marais ____________________

21. Lacroix ____________________
22. Lapierre ____________________
23. Laroche ____________________
24. Leclerc ____________________
25. Leduc ____________________
26. Lefort ____________________
27. Lemoine ____________________
28. Lenoir ____________________
29. Lévesque ____________________
30. Lemieux ____________________
31. Lejeune ____________________
32. Loiseau ____________________
33. Marchand ____________________
34. Marin ____________________
35. Menier ____________________
36. Petit ____________________
37. Prévert ____________________
38. Renard ____________________
39. Rossignol ____________________
40. Tisserand ____________________

Barber • Best • Bird • Bishop • Black • Butcher • Baker • Bridge • Burgess • Cross • Brown • Bush • Carpenter • Clark • Crow • Duke • Fields • Forrester • Fox • Gardiner • Greenfield • Greenwood • Knight • Merchant • Miller • Mills • Monk • Moor • Nightingale • Rock • Sailor • Shepherd • Small • Stone • Strong • Taylor • Weaver • White • Wood • Young

Une anecdote en passant...

Le nom de famille français le plus commun est « Martin ». Plus de 235.000 personnes portent ce nom en France.

• Beaucoup de personnalités françaises sont internationnalement connues. Sais-tu associer les personnalités suivantes avec leur fonction ?

1. Jeanne d'Arc
2. Juliette Binoche
3. Napoléon Bonaparte
4. Jean-François Champollion
5. Coco Chanel
6. Jacques Cousteau
7. Madame Curie
8. Claude Debussy
9. Gérard Depardieu
10. Jean de La Fontaine
11. Charles de Gaulle
12. Victor Hugo
13. Louis XIV
14. Marcel Marceau
15. Molière
16. Édith Piaf
17. Pierre-Auguste Renoir
18. Auguste Rodin
19. Nicolas Sarkozy
20. Voltaire

A. acteur
B. actrice
C. chanteuse
D. chef de la Résistance
E. compositeur
F. créatrice de mode
G. dramaturge
H. écrivain
I. égyptologue
J. empereur
K. explorateur
L. fabuliste
M. héroïne nationale
N. mime
O. peintre
P. philosophe
Q. Président de la République
R. Roi Soleil
S. scientifique
T. sculpteur

Une anecdote en passant...
La France est le pays du monde qui a reçu le plus grand nombre de Prix Nobel de Littérature.

Les pays européens

• Est-ce que reconnais ces plaques d'immatriculation ?
Relie les initiales aux pays correspondants :

1. A: ____________________
2. B: ____________________
3. BG: ____________________
4. CY: ____________________
5. CZ: ____________________
6. D: ____________________
7. DK: ____________________
8. E: ____________________
9. EST: ____________________
10. F: ____________________
11. FIN: ____________________
12. GB: ____________________
13. GR: ____________________
14. H: ____________________

15. HR: ____________________
16. I: ____________________
17. IRL: ____________________
18. L: ____________________
19. LT: ____________________
20. LV: ____________________
21. M: ____________________
22. NL: ____________________
23. P: ____________________
24. PL: ____________________
25. RO: ____________________
26. S: ____________________
27. SK: ____________________
28. SLO: ____________________

la Hongrie • la Croatie • la Belgique • la Slovaquie • l'Irlande • l'Autriche • la Bulgarie • le Danemark • l'Espagne • la France • l'Allemagne • la République Tchèque • la Grèce • la Slovénie • le Portugal • l'Italie • l'Estonie • la République de Malte • le Luxembourg • la Finlande • le Royaume-Uni • la Pologne • la République de Chypre • la Lituanie • les Pays-Bas • la Roumanie • la Suède • la Lettonie

Une anecdote en passant...

En France, on peut savoir de quelle région et département chaque voiture vient. La plaque d'immatriculation a le logo de la région et le numéro du département.

• Est-ce que tu connais la signification des acronymes suivants ?
Utilise un dictionnaire ou fais une recherche
sur Internet pour t'aider :

1. AFP ________________________
2. AOC ________________________
3. BD ________________________
4. BP ________________________

5. CEDEX ________________________
6. DELF ________________________
7. DOM ________________________
8. EDF ________________________
9. HLM ________________________
10. MJC ________________________
11. ONU ________________________
12. OTAN ________________________
13. OGM ________________________
14. OVNI ________________________

15. PACS ________________________
16. PTT ________________________
17. PV ________________________
18. QCM ________________________

19. RATP ________________________
20. RDC ________________________
21. RER ________________________
22. RF ________________________
23. RMI ________________________
24. RSVP ________________________
25. SAMU ________________________
26. SDF ________________________
27. SIDA ________________________
28. SMIG ________________________
29. SNCF ________________________
30. SVP ________________________
31. TGV ________________________

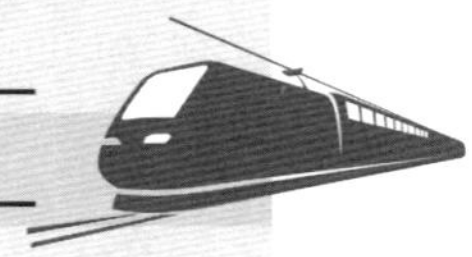

32. TOM ________________________
33. TTC ________________________
34. TVA ________________________

Une anecdote en passant...

L'acronyme le plus long du monde est russe. Il est formé de 54 lettres (Нииомтплабопармбетзелбетрабсбомонимонконотдтехстромонт) et signifie : « Laboratoire pour des opérations de couverture, de renfort, de béton et de béton armé pour les constructions composites-monolithiques et monolithiques du Département de la technologie des opérations du bâtiment assemblé de l'Institut de recherche scientifique de l'Organisation pour la mécanisation de bâtiment et l'aide technique de l'Académie du bâtiment et de l'architecture de l'Union des républiques socialistes soviétiques ».

• La langue officelle du Québec est le français, mais certains mots utilisés sont typiquement québécois. Utilise ton flair linguistique pour associer les mots québecois avec leurs équivalents français :

Au Québec, on dit... **En France, on dit...**

1. char ____________________
2. aréna ____________________
3. chandail ____________________
4. tip ____________________
5. blonde ____________________
6. chien chaud ____________________
7. piastre ____________________
8. fête ____________________
9. magasiner ____________________
10. toffe ____________________
11. frette ____________________
12. sous-marin ____________________
13. il mouille ____________________
14. fin de semaine ____________________
15. capot ____________________

Au Québec, on dit... **En France, on dit...**

16. pitou ____________________
17. barbier ____________________
18. du foin ____________________
19. chicane ____________________
20. breuvage ____________________
21. culotte ____________________
22. froque ____________________
23. bleuet ____________________
24. maringouin ____________________
25. chum ____________________
26. gaz ____________________
27. jasette ____________________
28. quilles ____________________
29. laveuse ____________________
30. fin ____________________

anniversaire • blouson • boisson • bowling • chien • coiffeur • conflit • conversation • de l'argent • difficile • dollar • essence • faire du shopping • froid • gentil • hot-dog • il pleut • machine à laver • manteau • moustique • myrtille • pantalon • patinoire • petit ami • petite amie • pourboire • pull • sandwich alongé • voiture • week-end

Une anecdote en passant...
Le français est la seule langue officielle du Québec depuis 1971.

• Fais correspondre les termes français à leurs équivalents anglais :

Les types d'ordinateurs	Types of computers
1. ordinateur portable	____________
2. ordinateur de table	____________
3. tablette numérique	____________

Le matériel	Hardware
4. écran	____________
5. clavier	____________
6. souris	____________
7. disque dur	____________
8. carte mère	____________
9. mémoire vive	____________
10. imprimante	____________
11. enceintes	____________
12. manette	____________
13. clé USB	____________

Les logiciels	Software
14. texteur	____________
15. base de données	____________
16. tableur	____________
17. navigateur	____________
18. fichier	____________
19. bogue	____________

La communication	Communication
20. courriel	____________
21. pourriel	____________
22. pièce jointe	____________
23. blogue	____________
24. réseaux sociaux	____________

attachment • blog • browser • bug • controller • database • desktop computer • e-mail • file • hard drive • junkmail • keyboard • laptop computer • motherboard • mouse • printer • RAM • screen • social networks • speakers • spreadsheet • tablet computer • USB key • word processor

Une anecdote en passant...

Le premier ordinateur français, le CUBA (Calculateur Universel Binaire de l'Armement) a été construit en 1952 - la même année que le premier ordinateur américain d'IBM.

Les textos

• Les textos sont un moyen moderne de communiquer.
Est-ce que les abréviations suivantes te sont familières ? À toi de faire correspondre les abréviations et leurs significations :

1. 7 ______
2. A+ ______
3. 5pa ______
4. 6né ______
5. amha ______
6. bcp ______
7. biz ______
8. bjr ______
9. bsr ______
10. cad ______
11. c ______
12. ct ______
13. d ______
14. dsl ______
15. dqp ______

16. dtf ______
17. g ______
18. gt ______
19. jtm ______
20. jvé ______
21. kan ______
22. kc ______
23. kdo ______
24. koi29 ______
25. koi ______
26. l ______
27. m ______
28. mdr ______
29. mr6 ______
30. n ______

31. nrv ______
32. ok1 ______
33. oqp ______
34. pb ______
35. pk ______
36. psk ______
37. pr ______
38. qqn ______
39. slt ______
40. t ______
41. tds ______
42. tjs ______
43. tlm ______
44. tps ______
45. XLnt ______

à mon humble avis • à plus tard • aime • aucun • beaucoup • bisous • bonjour • bonsoir • c'est • c'est-à-dire • c'était • cadeau • cassé • cette/cet • ciné • de toute façon • des • dès que possible • désolé • elle • énervé • excellent • haine • j'ai • j'étais • j'y vais • je t'aime • merci • mort de rire • occupé • parce que • pour • pourquoi • problème • quand • quelqu'un • quoi • quoi de neuf ? • salut • sympa • t'es (tu es) • temps • toujours • tout de suite • tout le monde

• Écris les phrases suivantes sous forme de textos :

46. À mon humble avis, elle aime le ciné. ______
47. J'ai la haine parce que j'ai cassé mon cadeau. ______
48. Tout le monde est mort de rire parce que tu es énervé. ______
49. J'y vais dès que possible, aucun problème. ______
50. Merci, c'était sympa de toute façon. ______

Une anecdote en passant...
La majorité des français parlent de « téléphone portable ». En fait, il s'agit d'un anglicisme et le terme correct est « téléphone portatif ».

• Le verlan est un argot parlé par les jeunes français et qui consiste à inverser les syllabes de certains mots. Le verlan permet de converser sans se faire comprendre des figures d'autorité (parents, professeurs, agents de police). Le mot « verlan » veut dire « l'envers » (lan/ver = verlan). Peux-tu deviner le sens des mots suivants ? En t'aidant des traductions anglaises, trouve les équivalents des termes suivants en français :

En verlan	En anglais	En français
1. barjot	• crazy	____________
2. béton	• to drop	____________
3. cecla	• class	____________
4. céfran	• French	____________
5. chanmé	• wicked	____________
6. chébran	• cool	____________
7. chelou	• dodgy	____________
8. chetron	• mug (face)	____________
9. cinepi	• swimming pool	____________
10. féca	• coffee	____________
11. jourbon	• hello	____________
12. lépou	• cop	____________

En verlan	En anglais	En français
13. meuf	• chick	____________
14. ouf	• mad	____________
15. rempa	• parents	____________
16. reulou	• dense	____________
17. ripou	• corrupt	____________
18. sicmu	• music	____________
19. sub	• bus	____________
20. tromé	• tube	____________
21. turvoi	• car	____________
22. vailletra	• work	____________
23. xita	• taxi	____________
24. zarbi	• weird	____________
25. zomblou	• jacket	____________

bizarre • blouson • bonjour • branché • bus • café • classe • femme • fou • français • jobard • lourd • louche • méchant • métro • musique • parents • piscine • poulet • pourri • taxi • tomber • travail • tronche • voiture

Une anecdote en passant...

Il existe aussi un autre argot qui s'appelle le javanais. Le javanais consiste à ajouter la syllabe « av » après chaque consonne suivi d'une voyelle. Par exemple, pour dire « bonjour », on dit « bavonjavour ».

• À quoi est-ce qu'on associe les pays suivants ? Fais correspondre les pays avec les symboles qui y sont généralement associés :

Les pays

1. l'Allemagne
2. l'Angleterre
3. l'Australie
4. le Canada
5. la Chine
6. la Colombie
7. l'Écosse
8. l'Espagne
9. la France
10. la Grèce
11. la Hollande
12. la Hongrie
13. l'Irlande
14. l'Italie
15. le Japon
16. la Norvège
17. la Nouvelle-Zélande
18. le Pays de Galles
19. la Russie
20. la Suisse

Les termes associés

A. le sirop d'érable
B. le caviar
C. les moulins à vent
D. le café
E. Léonard de Vinci
F. les horlogers
G. le Panthéon
H. le camembert
I. les Vikings
J. les courses de taureaux
K. le kiwi
L. le trèfle à trois feuilles
M. la cornemuse
N. la monarchie constitutionnelle
O. la Forêt Noire
P. le goulache
Q. le Pays du Soleil Levant
R. les kangourous
S. la jonquille
T. la Grande Muraille

Une anecdote en passant...

Monaco est le deuxième plus petit pays au monde (après le Vatican), mais c'est aussi le plus densément peuplé au monde (24,000 habitants par km^2).

• Le role de l'accent circonflexe en français est souvent de replacer la lettre « s » en ancien français. Par exemple on écrit « forêt » en français moderne, mais en ancien français c'était « forest ». Le « s » qui ne se prononçait pas a été abandonné. Beaucoup de mots anglais ont été emprunté à l'ancien français et ont gardé le « s ». Est-ce que tu reconnais les mots suivants ? Écris leur équivalents anglais :

1. arrêt ______arrest______
2. bête ____________________
3. conquête ____________________
4. côte ____________________
5. coût ____________________
6. crête ____________________
7. croûte ____________________
8. dégoût ____________________

9. fête ____________________
10. forêt ____________________
11. hâte ____________________
12. honnête ____________________
13. hôpital ____________________
14. hôtel ____________________
15. hôte ____________________
16. île ____________________
17. intérêt ____________________

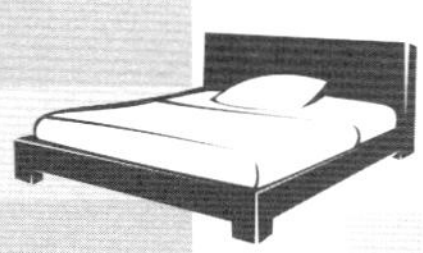

18. mât ____________________
19. pâte ____________________
20. pâture ____________________
21. plâtre ____________________
22. quête ____________________
23. requête ____________________
24. tempête ____________________
25. vêtement ____________________

Une anecdote en passant...

En langue familière, on appelle l'accent circonflexe « le chapeau ». L'accent circonflexe est le seul accent que l'on trouve sur chacune des cinq voyelles en français (â, ê, î, ô, û).

La bonne préposition

• Complète les locutions suivantes avec la préposition correspondante (à / au / à la / à l' / en / par) :

1. ____________ excellence
2. ____________ tout cas
3. ____________ mode
4. ____________ maximum
5. ____________ heure
6. ____________ temps
7. ____________ hasard
8. ____________ toute vitesse
9. ____________ avion
10. ____________ prochaine
11. ____________ chance
12. ____________ sommet
13. ____________ bonheur
14. ____________ danger
15. ____________ époque

16. ____________ centre
17. ____________ table !
18. ____________ carte
19. ____________ ici
20. ____________ voiture
21. ____________ principe
22. ____________ marché
23. ____________ exemple
24. ____________ effet
25. ____________ avenir
26. ____________ conclusion
27. ____________ français
28. ____________ française
29. ____________ plein air
30. ____________ haut

Une anecdote en passant...

Le mot « Mayday », utilisé internationalement dans les appels de détresse radio-téléphoniques, est une déformation de la phrase française « (venez) m'aider ».

• En français, les préfixes « re- » (devant une consonne) et « ré- » (devant une voyelle) indiquent la répétition. Par exemple: « tomber encore » = « retomber » , « ouvrir encore » = « réouvrir ». Ajoute le préfixe « re- » ou « ré- » aux verbes suivants pour exprimer la reprise d'une activité :

1. apprendre ______________________
2. calculer ______________________
3. commencer ______________________
4. écouter ______________________
5. faire ______________________
6. imprimer ______________________

7. jouer ______________________
8. lire ______________________
9. pleuvoir ______________________
10. peindre ______________________
11. tomber ______________________
12. voir ______________________

• Complète les phrases suivantes avec un verbe de la deuxième colonne ci-dessus pour exprimer la reprise d'une activité :

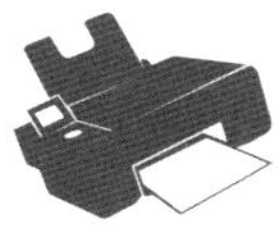

13. Arrête ! Tu ne va pas ______________________ à pleurer. Ça suffit !
14. Tu as fait beaucoup d'erreurs. Essaie de ______________________ l'exercice.
15. Je veux ______________________ cette chanson car j'aime beaucoup les paroles.
16. Je n'ai pas compris. Peux-tu ______________________ le dernier paragraphe ?
17. Il pleut ce matin et il va ______________________ cette après-midi.
18. Ils ont triché. Il faut ______________________ le match.
19. Il y a plein de graffitis. Il faut ______________________ le mur.
20. J'ai adoré ce film. J'aimerais bien le ______________________ .
21. Il est ______________________ amoureux de son ex-femme.
22. L'addition est fausse. Je dois ______________________ le total.
23. Il était paralysé après son accident et il doit ______________________ à marcher.
24. Tous les livres ont été vendus. On va ______________________ mille exemplaires.

Une anecdote en passant...

Le français est la troisième langue la plus présente sur Internet après l'anglais et le chinois.

• Lis attentivement le poème ci-dessous d'un auteur inconnu, et complète les trous avec les mots corrects :

Le plus grand handicap :	la peur	
Le plus beau jour :	______	(1)
La chose la plus facile :	______	(2)
La plus grande erreur :	______	(3)
Le plus grand défaut :	______	(4)
La plus grande distraction :	______	(5)
La pire banqueroute :	le découragement	
Les meilleurs professeurs :	______	(6)
Le plus grand besoin :	______	(7)
Le plus bas sentiment :	______	(8)
Le plus beau présent :	______	(9)
La plus belle connaissance :	soi-même	
La plus belle chose au monde :	______	(10)

la jalousie • le pardon • se tromper • les enfants • l'égoïsme • abandonner • l'amour • aujourd'hui • le bon sens • le travail

Une anecdote en passant...

La Loire est le plus long fleuve de France, avec une longueur de 1 013 kilomètres. Le Lac Léman est le plus grand lac de France (et aussi d'Europe occidentale) avec une superficie de 582 km^2.

• En français il existe beaucoup d'expressions idiomatiques qui utilisent le verbe « faire ». Utilise les indices **en caractères gras** dans la colonne de gauche pour compléter les expressions suivantes :

1. Quelle **chaleur** !	Il fait très ________________ aujourd'hui.
2. Elle **étudie** l'histoire ?	Elle fait des ________________ d'histoire.
3. **Voyager**, c'est ma passion.	J'adore faire des ________________ .
4. Quelle **belle** journée !	Il fait vraiment ________________ aujourd'hui.
5. Elles se **promènent** dans la forêt.	Elles font une ________________ en forêt.
6. J'aimerais être **cuisinière**.	Je voudrais faire la ________________ .
7. Je vais **me reposer** après le repas.	Je vais faire la ________________ après manger.
8. Il est extrêmement **sportif**.	Il adore faire du ________________ .
9. Il passe son temps sur sa **bicyclette**.	Faire du ________________ est sa passion.
10. Le chien est **apeuré** par l'orage.	L'orage fait ________________ au chien.
11. Comme elle est **économe** !	Elle sait faire des ________________ .
12. Ton cadeau me **plaît** vraiment.	Ton cadeau me fait très ________________ .
13. Il faut être **attentif** au professeur.	Fais ________________ en classe.
14. Sa passion, c'est **photographier**.	Il fait de bonnes ________________ .
15. C'est un **jardinier** enthousiaste.	Il passe son temps à faire du ________________ .
16. Je le **connais** depuis une semaine.	J'ai fait leur ________________ récemment.
17. **Mangeons** en plein air.	Faisons un ________________ .
18. J'ai besoin d'une **coupe** de cheveux.	Je dois me faire ________________ les cheveux.
19. Elles adorent **jouer la comédie**.	Leur passion, c'est faire du ________________ .
20. **Achetons** ce dont nous avons besoin.	Allons en ville pour faire des ________________ .
21. Elle est **blessée**.	Elle s'est fait ________________ .
22. Il a été déclaré **insolvable**.	Il a fait ________________ .
23. Je **rêve** chaque nuit.	Je fais souvent des ________________ .
24. La vraie **amitié** est rare.	Il est difficile de se faire des ________________ .
25. Il est **chercheur** à l'Institut Pasteur.	Il fait de la ________________ .
26. Elle n'est pas bonne **ménagère**.	Elle n'aime pas faire le ________________ .
27. Il est **membre** de notre équipe.	Il fait ________________ de notre équipe.
28. La température est **basse**.	Il fait ________________ aujourd'hui.
29. Ils y ont mis **beaucoup d'efforts**.	Ils ont fait de leur ________________ .
30. Je me lève **tard** le dimanche.	Je fais la grasse ________________ .

achats • amis • attention • beau • chaud • connaissance • couper • cuisine • économies • études • faillite • froid • jardinage • mal • matinée • ménage • mieux • partie • peur • photos • pique-nique • plaisir • promenade • recherche • rêves • sieste • sport • théatre • vélo • voyages

Une anecdote en passant...

Il existe beaucoup de proverbes avec le verbe « faire » en français, par exemple : « L'argent ne fait pas le bonheur. », « Une hirondelle ne fait pas le printemps. » et « Faire d'une pierre deux coups. »

Le genre et le sens des mots

• Certains mots de la langue française sont à la fois masculins et féminins, mais avec un sens différent selon le genre. Par exemple :
- un aide = un auxiliaire, un aide de camp
- une aide = action d'aider

Lis les définitions suivantes et remplis les trous avec « un » ou « une » :

1. ______ cache - objet qui masque
2. ______ cache - lieu secret
3. ______ casse - dégât
4. ______ casse - hold-up
5. ______ couple - un ménage
6. ______ couple - deux choses de la même espèce
7. ______ critique - personne qui juge une oeuvre
8. ______ critique - jugement
9. ______ espace - blanc placé entre les mots
10. ______ espace - lieu en trois dimensions
11. ______ garde - action de garder
12. ______ garde - gardien
13. ______ livre - ouvrage
14. ______ livre - 453,59 grammes
15. ______ mémoire - essai littéraire
16. ______ mémoire - souvenir
17. ______ merci - pitié
18. ______ merci - remerciement

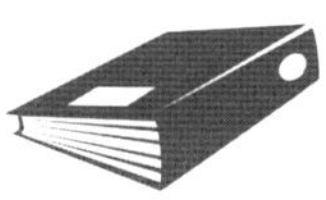

19. ______ mode - moyen
20. ______ mode - vogue
21. ______ moule - fruit de mer
22. ______ moule - forme pour cuisiner
23. ______ mousse - jeune matelot
24. ______ mousse - plante verte
25. ______ page - serviteur
26. ______ page - côté d'une feuille
27. ______ politique - ensemble de mesures
28. ______ politique - politicien
29. ______ secrétaire - assistante personnelle
30. ______ secrétaire - meuble à tiroirs
31. ______ somme - addition
32. ______ somme - sieste
33. ______ tour - déplacement
34. ______ tour - donjon
35. ______ voile - rideau
36. ______ voile - partie du bateau

Une anecdote en passant...

Le mot « amour » est-il masculin et féminin ? En fait, bizarrement, il est masculin au singulier (« un amour passionné ») mais féminin au pluriel (« des amours passionnées »).

Les signes astrologiques

• Fais correspondre les signes astrologiques à leur symbole :

♈

Du 21 mars au 20 avril

1. ____________________

♉

Du 21 avril au 21 mai

2. ____________________

♊

Du 22 mai au 21 juin

3. ____________________

♋

Du 22 juin au 22 juillet

4. ____________________

♌

Du 23 juillet au 22 août

5. ____________________

♍

Du 23 août au 22 septembre

6. ____________________

♎

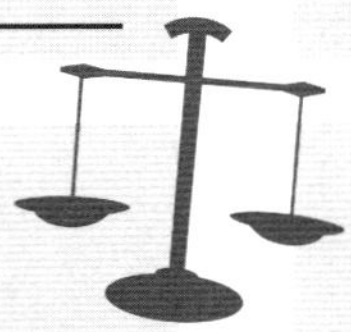

Du 23 septembre au 22 octobre

7. ____________________

♏

Du 23 octobre au 22 novembre

8. ____________________

♐

Du 23 novembre au 21 décembre

9. ____________________

♑

Du 22 décembre au 20 janvier

10. ____________________

♒

Du 21 janvier au 18 février

11. ____________________

♓

Du 19 février au 20 mars

12. ____________________

Balance • Bélier • Cancer • Capricorne • Lion • Gémeaux • Poissons • Sagittaire • Scorpion • Taureau • Verseau • Vierge

Une anecdote en passant...

Le tennis est un sport d'origine française, autrefois appelé le « jeu de paume ». Le mot « tennis » est dérivé du français « tenez ! » - exclamation du joueur qui lance la balle.

• Les virelangues sont des phrases, souvent absurdes, qui sont particulièrement difficiles à prononcer.
En petit groupe ou avec un partenaire, essaie de prononcer les virelangues suivants :

1. Les chaussettes de l'archi-duchesse sont-elles sèches ?
2. Tonton, ton thé t'a-t-il ôté ta toux ?
3. As-tu vu le tutu de tulle de Lili d'Honolulu ?
4. Ce ver vert sévère sait verser ses verres verts.
5. Cinq chiens chassent six chats.
6. Un chasseur sachant chasser sait chasser sans son chien.
7. Je veux et j'exige d'exquises excuses.
8. La mule a bu tant qu'elle a pu.
9. La pipe au papa du Pape Pie pue.
10. La robe rouge de Rosalie est ravissante.

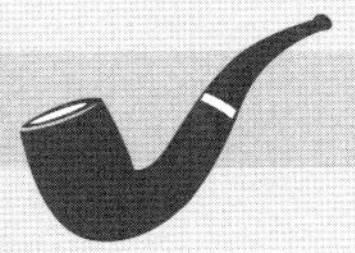

11. Lily lit le livre dans le lit.
12. Natacha n'attacha pas son chat qui s'échappa.
13. Seize chaises sèchent.
14. Si ton tonton tond ton tonton, ton tonton sera tondu.
15. Écartons ton carton car ton carton nous gêne.
16. Voilà trois mois qu'il boit moins que toi.
17. Zazie causait avec sa cousine en cousant.
18. Ces cerises sont si sûres qu'on ne sait pas si c'en sont.
19. Cette taxe fixe excessive est fixée exprès à Aix par le fisc.
20. Trois tortues trottaient sur un trottoir très étroit.

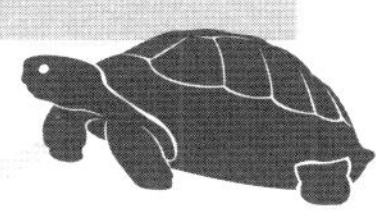

Une anecdote en passant...

Le mot « humour » a été empreinté à l'anglais au dix-huitième siècle. Mais le mot anglais vient lui-même du mot français « humeur » (« mood » en anglais). C'est la preuve que les deux langues se nourrissent l'une de l'autre.

• Est-ce que tu comprends les blagues suivantes ? Traduis les blagues pour les expliquer à un ami qui ne parle pas français :

Il y a trois sortes de personnes :
les personnes qui savent compter
et les personnes qui ne savent pas compter.

Un homme très myope va chez son opticien :
- Bonjour ! Je viens parce que j'ai des problèmes de vue.
- Je n'en doute pas, Monsieur, mais ici c'est une banque !

Un homme entre dans un bar, et demande :
- Est-ce que quelqu'un a perdu une pile de billets entourée d'un élastique ?
Un client s'approche et dit :
- C'est moi, c'est à moi !
- Tenez, j'ai retrouvé l'élastique...

Un couple fait une randonnée à la campagne.
La femme dit :
- Chéri... Ce paysage me laisse sans voix !
L'homme répond :
- Parfait, nous campons ici !

Quel est l'animal le plus malheureux ?
Le taureau car sa femme est vache.
Quel est l'animal le plus heureux ?
Le hibou car sa femme et chouette...

Un gendarme fait stopper une voiture :
- Vous n'avez pas vu le feu rouge ?
- Si, bien sûr. C'est vous que je n'ai pas vu !

Une anecdote en passant...
L'Organisation internationale de la francophonie (OIF) est composée de 75 pays membres, soit plus de 890 millions d'habitants répartis sur les cinq continents.

1 Bon appétit !

1. brûlée • 2. mignon • 3. mer • 4. vin • 5. feu • 6. monsieur • 7. campagne • 8. Suzette • 9. vent • 10. rôti • 11. gras • 12. Bruxelles • 13. bourguignon • 14. bleu • 15. tatin • 16. lorraine • 17. chocolat • 18. dauphinois • 19. niçoise • 20. grenouille • 21. savoyarde • 22. auvergnate • 23. marinières • 24. Dijon • 25. fromage

2 Petite épreuve de vocabulaire

1. matin-patin-satin-tatin • 2. liège-piège-siège • 3. bain-gain-pain-nain-main-vain • 4. cassage-passage-massage-tassage • 5. bruit-fruit • 6. baleine-haleine • 7. basse-casse-lasse-masse-passe-tasse • 8. gomme-homme-pomme-somme-tomme • 9. linge-singe • 10. bête-fête-tête • 11. lapin-sapin • 12. bouton-mouton • 13. cœur-sœur • 14. maison-raison-saison • 15. doute-route • 16. fort-mort-port-sort-tort • 17. miroir-tiroir • 18. coupe-poupe-soupe •19. beau-peau-seau-veau • 20. coup-loup • 21. boule-foule-houle-moule-poule • 22. noix-voix • 23. ciste-liste-piste • 24. gourd-lourd-sourd • 25. cour-four-jour-pour-tour • 26. coin-foin-loin-soin • 27. nièce-pièce • 28. fer-mer-ver • 29. cage-gage-mage-nage-page-rage-sage • 30. balle-calle-malle-salle

3 Alphabet zoologique

A. miel • B. marin • C. bosses • D. dindon • E. trompe • F. proie • G. abeille • H. piquants • I. lézard • J. tigre • K. Australie • L. rongeur • M. sang • N. nez • O. plumes • P. couleurs • Q. forêts • R. ruse • S. poisson • T. vache • U. taille • V. serpent • W. cerf • X. tropicales • Y. buffle • Z. cheval

4 La symbolique des animaux

1. l'escargot • 2. le paon • 3. le hibou • 4. le guépard • 5. le crapaud • 6. le serpent • 7. l'aigle • 8. la marmotte • 9. l'éléphant • 10. le dauphin • 11. le renard • 12. l'agneau • 13. le cygne • 14. le papillon • 15. la colombe • 16. le requin • 17. la licorne • 18. le chien • 19. la fourmi • 20. la cigogne

5 Les nombres en contexte

1. quarante • 2. trois • 3. quatre • 4. quatre-vingts • 5. quatorze • 6. sept • 7. cent • 8. sept • 9. cent et un • 10. trois • 11. treize • 12. dix • 13. sept • 14. mille • 15. quatre • 16. un • 17. deux • 18. trois • 19. quatre • 20. quatre • 21. sept • 22. deux mille un • 23. vingt mille • 24. mille et une • 25. douze

6 Les couleurs en contexte

1. la Maison Blanche • 2. le feu vert • 3. les Pages Jaunes • 4. la Croix Rouge • 5. la carte blanche • 6. le moulin Rouge • 7. la fièvre jaune • 8. le petit noir • 9. la matière grise • 10. le petit blanc • 11. le cordon bleu • 12. les casques bleus • 13. la planète bleue • 14. le carton rouge • 15. le billet vert • 16. la série noire • 17. le sang bleu • 18. la magie noire • 19. l'arme blanche • 20. l'éléphant blanc • 21. l'or noir

7 Expressions colorées

1. E • 2. C • 3. L • 4. F • 5. B • 6. I • 7. M • 8. G • 9. A • 10. J • 11. R • 12. K • 13. D • 14. S • 15. P • 16. H • 17. O • 18. T • 19. Q • 20. N

8 Autrement dit

1. mode • 2. fin • 3. aller • 4. suite • 5. heure • 6. air • 7. monde • 8. temps • 9. fait • 10. coûte • 11.bonheur • 12. mal • 13. contraire • 14. termes • 15. plus • 16. vérité • 17. exemple • 18. sujet • 19. manière • 20. huit • 21. vitesse • 22. tête • 23. intention • 24. prochaine

9 Des noms spéciaux

1. lecture • 2. chanson • 3. apprentissage • 4. départ • 5. choix • 6. prise • 7. fermeture • 8. peinture • 9. perte • 10. réussite • 11. connaissance • 12. vente • 13. mensonge • 14. boisson • 15. naissance • 16. écriture • 17. durée • 18. croyance • 19. conduite • 20. terminaison

10

Mots de la même famille

1. travail • 2. choix • 3. fumée • 4. discuter • 5. pensée • 6. réponse • 7. traduction • 8. vie • 9. savoir • 10. vente • 11. expression • 12. enrichir • 13. lire • 14. prédiction • 15. naissance • 16. mort • 17. pleuvoir • 18. préfères • 19. promener • 20. plaisir • 21. encourager • 22. félicite • 23. arrivée • 24. toux • 25. interrogation

11

Vive la variété !

1. marié • 2. perdre • 3. nom • 4. colère • 5. mieux • 6. arrivé • 7. gagné • 8. natation • 9. avis • 10. retard • 11. enseigne • 12. vent • 13. fait • 14. problèmes • 15. désolés • 16. assez • 17. inoubliable • 18. cher • 19. fils • 20. réussi • 21. plupart • 22. équitation • 23. vogue • 24. amusé • 25. vérité • 26. née • 27. seulement • 28. femme • 29. aider • 30. tort

12

Des expressions à perte de vue

1. B • 2. F • 3. E • 4. A • 5. M • 6. Q • 7. U • 8. C • 9. L • 10. H • 11. D • 12. I • 13. O • 14. W • 15. R • 16. T • 17. K • 18. G • 19. S • 20. P • 21. V • 22. X • 23. J • 24. N

13

Le français et le latin

1. K • 2. C • 3. L • 4. Y • 5. W • 6. J • 7. O • 8. D • 9. I • 10. B • 11. S • 12. G • 13. A • 14. F • 15. M • 16. U • 17. H • 18. X • 19. P • 20. V • 21. N • 22. R • 23. E • 24. Q • 25. T

14

Des mots importés du Japon

1. B • 2. S • 3. F • 4. M • 5. D • 6. P • 7. G • 8. O • 9. J • 10. C • 11. K • 12. I • 13. E • 14. A • 15. H • 16. Q • 17. L • 18. R • 19. N • 20. T

15

Les équivalents français-anglais

1. stick • 2. poodle • 3. horn • 4. Riviera • 5. cooking • 6. beans • 7. toast • 8. pastry • 9. fries • 10. door/window • 11. polish • 12. dressing • 13. assorted cold meats • 14. snooker • 15. bowls • 16. monkey wrench • 17. English cocker spaniel • 18. cor anglais/British horn • 19. custard cream • 20. well-kept lawn • 21. landscaped garden • 22. greyhound • 23. fry-up • 24. five-day working week

16

Les faux amis

1. business • 2. diary • 3. worsening • 4. praise • 5. wage • 6. warning • 7. graduate • 8. scales • 9. wrestling • 10. flesh • 11. luck • 12. corner • 13. competitor • 14. pencil • 15. disappointment • 16. annoyance • 17. publisher • 18. obviousness • 19. fate • 20. supplies • 21. frankness • 22. clothes • 23. chance • 24. grass • 25. day • 26. reading • 27. bookshop • 28. rental • 29. shop • 30. demonstration • 31. photographer • 32. grapes • 33. summary • 34. meeting • 35. blinds • 36. jacket

17

Attention à l'orthographe !

1. abréviation • 2. adresse • 3. agression • 4. appartement • 5. autorisation • 6. bagage • 7. caractère • 8. confort • 9. compagnie • 10. connexion • 11. correspondance • 12. coton • 13. danse • 14. développement • 15. enveloppe • 16. exemple • 17. exercice • 18. langage • 19. littérature • 20. millionnaire • 21. mariage • 22. objet • 23. parlement • 24. paiement • 25. progrès • 26. recommandation • 27. ressemblance • 28. rythme • 29. trafic • 30. véhicule

18

Expressions françaises dans la langue anglaise

1. provocateur • 2. mémoire • 3. ski • 4. déco • 5. garde • 6. noire • 7. vivant • 8. sac • 9. blanche • 10. vin • 11. bleu • 12. état • 13. crème • 14. vu • 15. cri • 16. toilette • 17. terrible • 18. cordiale • 19. accompli • 20. pas • 21. fatale • 22. noir • 23. majeure • 24. couture • 25. œuvre • 26. vivre • 27. faire • 28. hôtel • 29. plume • 30. riche • 31. résistance • 32. pourri • 33. porter • 34. être • 35. jour • 36. tête • 37. force • 38. œil • 39. vis • 40. vent

19

Une relation très étroite

1. amorous • 2. appeal • 3. arrest • 4. batter • 5. beast • 6. blank • 7. budge • 8. brief • 9. cease • 10. chamber • 11. counter • 12. donate • 13. infant • 14. fatigued • 15. feeble • 16. feast • 17. hatchet • 18. liberty • 19. maintain • 20. mansion • 21. morsel • 22. nourish • 23. depart • 24. pauper • 25. pouch • 26. profound • 27. recount • 28. respond • 29. summit • 30. vestment

20

Parlez-vous franglais ?

1. coussin de protection • 2. printemps démographique • 3. grillade • 4. pavé de bœuf • 5. explosion originelle • 6. musculation • 7. pâte à mâcher • 8. droits d'auteur • 9. pétales de maïs • 10. beignet • 11. restauration rapide • 12. croque-haché • 13. croque-saucisse • 14. aéroglisseur • 15. enlèvement • 16. stimulateur cardiaque • 17. maïs soufflé • 18. pain garni • 19. adolescent • 20. pain grillé

21

Mots d'origine anglaise mal utilisés en français

1. hitch-hiking • 2. table football • 3. trainers • 4. garage • 5. boxer shorts • 6. estate (car) • 7. blow-dry • 8. shopping trolley • 9. campsite • 10. camper van • 11. professional wrestling • 12. dressing room • 13. fast food restaurant • 14. pinball machine • 15. football • 16. jogging • 17. tracksuit • 18. face-lift • 19. living room • 20. open-plan office • 21. car park • 22. celebrities • 23. lip-synch • 24. dry-cleaning shop • 25. jumper • 26. jigsaw puzzle • 27. record holder • 28. makeover • 29. rugby player • 30. adhesive tape • 31. self-service restaurant • 32. shampoo • 33. skateboard • 34. briefs • 35. dinner jacket • 36. announcer • 37. sweater • 38. walkie-talkie • 39. tennis player • 40. toilets

22

Quel hasard !

1. puce • 2. singe • 3. bout • 4. rue • 5. sang • 6. car • 7. four • 8. but • 9. vie • 10. sale • 11. pin • 12. or • 13. pie • 14. sort • 15. laid • 16. chair • 17. coin • 18. type • 19. vase • 20. pays

23

Les noms de famille

1. Barber • 2. Shepherd • 3. White • 4. Butcher • 5. Baker • 6. Burgess • 7. Greenwood • 8. Brown • 9. Bush • 10. Carpenter • 11. Knight • 12. Crow • 13. Taylor • 14. Fields • 15. Gardiner • 16. Mills • 17. Wood • 18. Bridge • 19. Forrester • 20. Moor • 21. Cross • 22. Stone • 23. Rock • 24. Clark • 25. Duke • 26. Strong • 27. Monk • 28. Black • 29. Bishop • 30. Best • 31. Young • 32. Bird • 33. Merchant • 34. Sailor • 35. Miller • 36. Small • 37. Greenfield • 38. Fox • 39. Nightingale • 40. Weaver

24

Les figures françaises célèbres

1. M • 2. B • 3. J • 4. I • 5. F • 6. K • 7. S • 8. E • 9. A • 10. L • 11. D • 12. H • 13. R • 14. N • 15. G • 16. C • 17. O • 18. T • 19. Q • 20. P

25

Les pays européens

1. l'Autriche • 2. la Belgique • 3. la Bulgarie • 4. la République de Chypre • 5. la République tchèque • 6. l'Allemagne • 7. le Danemark • 8. l'Espagne • 9. l'Estonie • 10. la France • 11. la Finlande • 12. le Royaume-Uni • 13. la Grèce • 14. la Hongrie • 15. la Croatie • 16. l'Italie • 17. l'Irlande • 18. le Luxembourg • 19. la Lituanie • 20. la Lettonie • 21. la République de Malte • 22. les Pays-Bas • 23. le Portugal • 24. la Pologne • 25. la Roumanie • 26. la Suède • 27. la Slovaquie • 28. la Slovénie

26

Les acronymes

1. Agence France Presse • 2. Appellation d'Origine Contrôlée • 3. Bande Dessinée • 4. Boîte Postale • 5. Courrier d'Entreprise à Distribution EXceptionnelle • 6. Diplôme d'Etudes en Langue Française • 7. Départements d'Outre-Mer • 8. Électricité De France • 9. Habitation à Loyer Moderé • 10. Maison des Jeunes et de la Culture • 11. Organisation des Nations Unies • 12. Organisation du Traité de l'Atlantique Nord • 13. Organisme Génétiquement Modifié • 14. Objet Volant Non Identifié • 15. Pacte Civil de Solidarité • 16. Poste, Télécommunications et Télédiffusion • 17. Procès-Verbal • 18. Questionnaire à Choix Multiple • 19. Régie Autonome des Transports Parisiens • 20. Rez-De-Chaussée • 21. Réseau Express Régional • 22. République Française • 23. Revenu Minimum d'Insertion • 24. Répondez S'il Vous Plaît • 25. Service d'Aide Médicale d'Urgence • 26. Sans Domicile Fixe • 27. Syndrôme d'Immuno-Déficience Acquise • 28. Salaire Minimum Interprofessionnel Garanti • 29. Société Nationale des Chemins de fer Français • 30. S'il Vous Plaît • 31. Train à Grande Vitesse • 32. Territoires d'Outre-Mer • 33. Toutes Taxes Comprises • 34. Taxe sur la Valeur Ajoutée

27

La parlure québécoise

1. voiture • 2. patinoire • 3. pull • 4. pourboire • 5. petite amie • 6. hot-dog • 7. dollar • 8. anniversaire • 9. faire du shopping • 10. difficile • 11. froid • 12. sandwich alongé • 13. il pleut • 14. week-end • 15. manteau • 16. chien • 17. coiffeur • 18. de l'argent • 19. conflit • 20. boisson • 21. pantalon • 22. blouson • 23. myrtille • 24. moustique • 25. petit ami • 26. essence • 27. conversation • 28. bowling • 29. machine à laver • 30. gentil

28

La terminologie informatique

1. laptop computer • 2. desktop computer • 3. tablet computer • 4. screen • 5. keyboard • 6. mouse • 7. hard drive • 8. motherboard • 9. RAM • 10. printer • 11. speakers • 12. controller • 13. USB key • 14. word processor • 15. database • 16. spreadsheet • 17. browser • 18. file • 19. bug • 20. e-mail • 21. junkmail • 22. attachment • 23. blog • 24. social networks

29

Les textos

1. cette/cet • 2. à plus tard • 3. sympa • 4. ciné • 5. à mon humble avis • 6. beaucoup • 7. bisous • 8. bonjour • 9. bonsoir • 10. c'est-à-dire • 11. c'est • 12. c'était • 13. des • 14. désolé • 15. dès que possible • 16. de toute façon • 17. j'ai • 18. j'étais • 19. je t'aime • 20. j'y vais • 21. quand • 22. cassé • 23. cadeau • 24. quoi de neuf ? • 25. quoi • 26. elle • 27. aime • 28. mort de rire • 29. merci • 30. haine • 31. énervé • 32. aucun • 33. occupé • 34. problème • 35. pourquoi • 36. parce que • 37. pour • 38. quelqu'un • 39. salut • 40. t'es (tu es) • 41. tout de suite • 42. toujours • 43. tout le monde • 44. temps • 45. excellent • 46. amha l m le 6né • 47. g la n psk g kc mon kdo • 48. tlm é mdr psk t nrv • 49. jvé dqp ok1 pb • 50. mr6 ct 5pa dtf

30

Le verlan

1. jobard • 2. tomber • 3. classe • 4. français • 5. méchant • 6. branché • 7. louche • 8. tronche • 9. piscine • 10. café • 11. bonjour • 12. poulet • 13. femme • 14. fou • 15. parents • 16. lourd • 17. pourri • 18. musique • 19. bus • 20. métro • 21. voiture • 22. travail • 23. taxi • 24. bizarre • 25. blouson

31

Un peu de géographie

1. O • 2. N • 3. R • 4. A • 5. T • 6. D • 7. M • 8. J • 9. H • 10. G • 11. C • 12. P • 13. L • 14. E • 15. Q • 16. I • 17. K • 18. S • 19. B • 20. F

32

L'accent circonflexe

1. arrest • 2. beast • 3. conquest • 4. coast • 5. cost • 6. crest • 7. crust • 8. disgust • 9. feast • 10. forest • 11. haste • 12. honest • 13. hospital • 14. hostel • 15. host • 16. isle • 17. interest • 18. mast • 19. paste • 20. pasture • 21. plaster • 22. quest • 23. request • 24. tempest • 25. vestment

33

La bonne préposition

1. par • 2. en • 3. à la • 4. au • 5. à l' • 6. à • 7. par • 8. à • 9. en/par • 10. à la • 11. par • 12. au • 13. par • 14. en • 15. à l' • 16. au • 17. à • 18. à la • 19. par • 20. en • 21. en/par • 22. au • 23. par • 24. en • 25. à l' • 26. en • 27. en • 28. à la • 29. en • 30. en

34

L'expression de la répétition dans les verbes

1. réapprendre • 2. recalculer • 3. recommencer • 4. réécouter • 5. refaire • 6. réimprimer • 7. rejouer • 8. relire • 9. repleuvoir • 10. repeindre • 11. retomber • 12. revoir • 13. recommencer • 14. refaire • 15. réécouter • 16. relire • 17. repleuvoir • 18. rejouer • 19. repeindre • 20. revoir • 21. retomber • 22. recalculer • 23. réapprendre • 24. réimprimer

35

Les superlatifs de la vie

1. aujourd'hui • 2. se tromper • 3. abandonner • 4. l'égoïsme • 5. le travail • 6. les enfants • 7. le bon sens • 8. la jalousie • 9. le pardon • 10. l'amour

36

Les locutions avec « faire »

1. chaud • 2. études • 3. voyages • 4. beau • 5. promenade • 6. cuisine • 7. sieste • 8. sport • 9. vélo • 10. peur • 11. économies • 12. plaisir • 13. attention • 14. photos • 15. jardinage • 16. connaissance • 17. pique-nique • 18. couper • 19. théatre • 20. achats • 21. mal • 22. faillite • 23. rêves • 24. amis • 25. recherche • 26. ménage • 27. partie • 28. froid • 29. mieux • 30. matinée

37

Le genre et le sens des mots

1. un • 2. une • 3. une • 4. un • 5. un • 6. une • 7. un • 8. une • 9. une • 10. un • 11. une • 12. un • 13. un • 14. une • 15. un • 16. une • 17. une • 18. un • 19. un • 20. une • 21. une • 22. un • 23. un • 24. une • 25. un • 26. une • 27. une • 28. un • 29. une • 30. un • 31. une • 32. un • 33. un • 34. une • 35. un • 36. une

38

Les signes astrologiques

1. Bélier • 2. Taureau • 3. Gémeaux • 4. Cancer • 5. Lion • 6. Vierge • 7. Balance • 8. Scorpion • 9. Sagittaire • 10. Capricorne • 11. Verseau • 12. Poissons